MODERN GREEK

PART II

WORKBOOK

By: Theodore C. Papaloizos, Ph.D.

www.greek123.com

ISBN # 978-0-932416-03-2
2nd Edition

For more information, please visit www.greek123.com
Please submit changes and report errors to www.greek123.com/feedback

Printed and bound in Korea

Papaloizos Publications, Inc.
11720 Auth Lane
Silver Spring, MD 20902
301.593.0652
info@greek123.com

CONTENTS

ΜΑΘΗΜΑ ΠΡΩΤΟ - LESSON ONE

Ο κύριος Τζόνσον

A. Fill in the blanks using words from lesson 1:

1. Ο κύριος Τζόνσον είναι ένας_____

2. Ο κύριος Τζόνσον γεννήθηκε _____

    _____

3. Ο κύριος Τζόνσον ζει σε _____

    _____

4. Η κυρία Ειρήνη είναι η _____

5. Ο κύριος Τζόνσον αγαπά κάθε τι _____

6. Ο κύριος Τζόνσον πηγαίνει στο_____

    _____ για να μάθει_____.

B. Referring to your previous studies try to answer the next 3 exercises:

a. Give the plural of the following words:

1. η οικογένεια _____ ο χορός_____

2. το κρασί _____ η γλώσσα _____

3. το φαγητό _____ το σχολείο _____

b. Change the underlined verbs in the following sentences into past simple tense:

1. Ο κύριος Τζόνσον **γνωρίζει** τον κύριο Αποστολίδη _____

2. **Πηγαίνω** στο νυχτερινό σχολείο _____

3. Ο κύριος Αποστολίδης **είναι** στην Ελλάδα._____

4. Τα παιδιά μου **ζουν** στην Αμερική. _____

5. Μου **αρέσει** το ελληνικό κρασί. _____

6. **Αγαπά** τα ελληνικά. _____

c. Change the verbs in paragraph B,b into future simple tense:

1. _____ 2. _____

3. _____ 4. _____

5. _____ 6. _____

C. Use correct forms of the verb <u>ονομάζομαι</u> in the blanks:

1. Αυτός _____ Γιάννης.

2. Εμείς, που ζούμε στην Αμερική _____
   Αμερικανοί.

3. Εσύ, πώς _____;

4. Εσείς, πώς _____;

5. Ποιοι άνθρωποι _____ Έλληνες;

D. Use forms of the verbs ζω:

1. Εμείς _____ στην Ελλάδα.

2. Εσείς, πού _____;

3. Στο φεγγάρι δε _____ άνθρωποι.

4. Ο κύριος Αποστολίδης _____ στην
   Ελλάδα.

E. Translate the following into Greek:

1. I know Mr. Apostolides well. _____

_____

2. He was born in Greece but now lives in the United States of America.

_____

_____

3. They go to night school so they can learn Greek.

_____

_____

4. I like Greek food, Greek cheese and Greek wine.

_____

_____

F. **Learn to say the following in Greek.(You will find the correct answers on the tape which accompanies the reader):**

1. I was there.
2. Are you coming?
3. I will be there.
4. I love the children.
5. We live in Greece.
6. I like the Greek dance.
7. I want to learn Greek.
8. I am married.
9. He was born here.
10. He eats Greek cheese.
11. We drink Greek wine.
12. This is Mr.Pavlides.

G. **Underline one of the words in parentheses that makes the sentence true:**

1. Η μητέρα   (ονομάζομαι, ονομάζεστε, ονομάζεται) Ελένη.

2. Τα παιδιά (ζουν, ζει, θα ζήσει) στο Παρίσι.

3. Το βιβλίο (φαίνεσαι, φανήκαμε, φαίνεται) καλό.

4. Εγώ (είμαι, είναι, είμαστε) Αμερικανός.

5. Εσύ (είστε, είναι, είμαστε, είσαι) Έλληνας.

6. Το τυρί είναι (νόστιμη, νόστιμος, νόστιμο).

ΜΑΘΗΜΑ ΔΕΥΤΕΡΟ - LESSON TWO

Ο κύριος Τζόνσον θέλει να μάθει ελληνικά

A. Fill in the blanks using words from the lesson:

1. Ο κύριος Τζόνσον ακούει_____

2. Πολλά σχολεία τα βράδια έχουν _____

_____

3. Ο κύριος Τζόνσον θέλει να μάθει_____

4. Στην πόλη, που μένει ο κύριος Τζόνσον, υπάρχουν

_____   _____

_____

5. Κάποια μέρα, ο κύριος Τζόνσον θέλει να πάει _____

_____

B. Change the tenses of the underlined verbs, in the following sentences, into past simple tense:

1. Το παιδί <u>ανοίγει</u> την πόρτα. _____

2. Δεν <u>καταλαβαίνω</u> τι θέλεις να πεις. _____

3. <u>Γράφουμε</u> γράμματα στούς φίλους μας._____

4. Τι <u>αποφασίζετε;</u> _____

5. <u>Ακούετε;</u> _____

6. Ο μαθητής <u>ξέρει</u> το μάθημά το. _____

C. Change the tense of the underlined verbs in exercise B into present perfect tense:

1. _____ 2. _____

3. _____ 4. _____

5. _____ 6. (no present perfect tense)

D.   Translate the following into Greek:

1. The shops of the Greeks _____

2. The pupil's books _____

3. Grandfather's name _____

4. Mr. Johnson's family _____

5. We love the students _____

6. We do not drink coffee _____

7. The days of September _____

E.   Translate the following sentences into Greek:

1. We decided to go there. _____

2. I did not understand. _____

3. We are writing to our friends. _____

_____

4. They have heard the news. _____

5. We have decided to learn Greek. _____

_____

6. Have you opened your books? _____

_____

7. There are many stores on this street. _____

_____

ΜΑΘΗΜΑ ΤΡΙΤΟ - LESSON 3

Ο κύριος Τζόνσον παίρνει πληροφορίες για τα ελληνικά μαθήματα

A. Use a word from the lesson to complete the meaning of the following sentences:

1. Την Κυριακή ο κύριος Τζόνσον ακούει ένα _____

   _____

2. Ο κύριος Τζόνσον παίρνει _____ από το τηλέφωνο.

3. Τις πληροφορίες τις δίνει η _____

4. Τα μαθήματα γίνονται κάθε_____

5. Κάθε μάθημα _____ δυο ώρες.

6. Τα δίδακτρα είναι _____

7. Εκτός από το βιβλίο κάθε μαθητής_____

   και ένα τετράδιο, χαρτί ένα_____ και

   μια _____.

B. Write the past simple tense of the verbs:

1. ρωτά _____ παρακαλεί _____

2. τηλεφωνούμε _____

3. χρειάζονται _____

4. απαντά _____ βοηθάς _____

5. διαρκεί _____ ρωτώ _____

- 6 -

C. Complete the blanks with names of the months:

Αυτός ο μήνας είναι Φεβρουάριος. Ύστερα από τον

Φεβρουάριο έρχεται ο _____. Πριν

από τον Φεβρουάριο είναι ο _____.

Ο τέταρτος μήνας είναι ο _____

Ο τελευταίος μήνας είναι ο _____

Ένας ζεστός μήνας είναι ο _____

Η άνοιξη έχει τρεις μήνες: _____

_____

D. Complete the blanks with names of the days:

Χτες ήταν Δευτέρα. Σήμερα είναι _____

Αύριο θα είναι _____ Προχτές ήταν

_____. Μεθαύριο θα είναι _____

_____ Η _____ είναι

η πρώτη μέρα. Το _____ είναι

η τελευταία μέρα.

E. Translate the following into Greek:

1. I will call you tomorrow. _____

2. They did not call us. _____

3. They have called many times. _____

4. He was calling you. _____

5. I will not call. _____

6. Call me soon. _____

7. We need you. _____

8. They will need books. _____

9. We were in need of money. _____

10. He answered me. _____

11. I did not ask him. _____

12. They will answer us. _____

13. Did you ask them? _____

14. Will you help me? _____

15. They have helped us. _____

F. Answer the following questions:

1. Τι μήνας είναι τώρα; _____

2. Τι μέρα είναι σήμερα; _____

3. Πόσες μέρες έχει ο Ιανουάριος;_____

_____

4. Πόσες μέρες έχει μια εβδομάδα;_____

_____

5. Ποιος είναι ο πρώτος μήνας του χρόνου;_____

_____

ΜΑΘΗΜΑ ΤΕΤΑΡΤΟ - LESSON FOUR

Ο κύριος Τζόνσον στο ελληνικό σχολείο

A. Write the corresponding Greek word:

1. library _____   2. newspaper_____

3. surname _____   4. a magazine _____

5. sufficient _____   6. a flag _____

B. Write the plural number of these words:

1. η εβδομάδα _____   2. η τάξη _____

3. η σημαία _____   4. η ώρα _____

5. η μαθήτρια _____   6. η βροχή _____

C. Translate the following:

1. I went _____   2. I shall pass. _____

3. We have used _____

4. He did his lesson. _____

5. We will go. _____

D. Translate these phrases into Greek:

1. The color of our flag _____

2. The American people _____

3. The Greek islands _____

4. The Russian wine _____

5. The German map _____

6. The news of the newspaper _____

7. Saturday morning _____

8. Friday afternoon _____

9. The days of the week _____

10. The teacher's name _____

11. The blue pencil _____

12. A red book _____

13. Many green leaves _____

14. Ten Spanish books _____

15. A yellow flag _____

E. Translate the following sentences:

1. What is your name? _____

2. Where do you live? _____

3. What languages do you speak? _____

4. Do you speak Greek? _____

5. Do you know French? _____

6. Do you understand English? _____

7. Do you read magazines? _____

8. What magazines do you read? _____

9. How many languages do you know? _____

10. Is Mr. Johnson Greek? _____

11. Does Mr. Johnson speak Greek? _____

_____

12. What is your last name? _____

13. Do you have a library at home? _____

ΜΑΘΗΜΑ ΠΕΜΠΤΟ - LESSON FIVE

Η Τάξη των ελληνικών

A. Fill the blanks with forms of the adjective παντρεμένος :

1. Ο καθηγητής είναι _____

2. Οι καθηγητές δεν είναι _____

3. Η κυρία Πουλίδου είναι _____ με τον κύριο Πουλίδη.

4. Όλα τα παιδιά μου είναι _____

5. Δώσαμε δώρα σε όλους τους _____

άντρες και όλες τις _____ γυναίκες.

B. Use the words διαμέρισμα, πολυκατοικία, μονοκατοικία, in the blanks:

1. Ζω σε ένα _____ μιας πολυκατοικίας.

2. Το σπίτι μου δεν έχει άλλα σπίτια κοντά του, είναι _____

_____

3. Μια πολυκατοικία έχει πολλά _____

4. Πολλά διαμερίσματα μαζί κάνουν μια _____

C. Supply words from the lesson:

1. Ένας _____ διδάσκει σ' ένα πανεπιστήμιο.

2. Σ' ένα δημοτικό σχολείο διδάσκει ένας _____

ή μια _____

3. Η κυρία Ειρήνη είναι η _____ του κυρίου

Πουλίδη και ο κύριος Πουλίδης είναι ο _____
της κυρίας Πουλίδου.

4. Γεννήθηκα το 1970. Το 1990 θα είμαι _____ χρόνων.

5. Αυτός που διευθύνει ένα κατάστημα λέγεται _____

6. Αυτός που κόβει τα μαλλιά μας λέγεται _____

7. Ο οδηγός ενός ταξί λέγεται _____

D. Change the verbs of the following sentences into past simple tense, same person and number. Ex.: Ο γιατρός <u>κάνει</u> καλά τον άρρωστο - Ο γιατρός <u>έκανε</u> καλά τον άρρωστο.

1. Δουλεύει σε μια εταιρεία. _____

2. Μαθαίνουμε ελληνικά. _____

3. Δεν ενδιαφέρεται για τα παιδιά του. _____

4. Είμαι κουρασμένη. _____

5. Με ρωτά πόσων χρόνων είμαι. _____

6. Δεν του απαντώ. _____

E. Use the adjective <u>ευχαριστημένος</u> (in the proper form) with these nouns:

1. _____ παιδί

2. _____ γυναίκες

3. _____ άνθρωποι

4. _____ λαός

5. _____ ανθρώπους

6. _____ παιδιού

F. Translate the following:

1. What is your name?
2. Where do you live?
3. Where do you work?
4. What work do you do?
5. What is your vocation?
6. Are you married?
7. Do you live in a big city?
8. Are you satisfied with your work?

ΜΑΘΗΜΑ ΕΚΤΟ - LESSON SIX

Μια επίσκεψη σ' ένα κατάστημα

A. Use words from the lesson to complete the following sentences:

1. Θα κάμουμε μια επίσκεψη σε ένα _____

2. Το κατάστημα βρίσκεται _____
   της πόλης.

3. Θα πάμε με _____

4. Το ταξίδι διαρκεί _____

5. Οι άνθρωποι μπαίνουν στο κατάστημα από την _____

   _____ και βγαίνουν από την _____

6. Ένας άντρας φορεί _____ ρούχα, μια

   γυναίκα _____ και ένα παιδί _____

7. Οι γυναίκες φορούν _____

   και οι άντρες _____

8. Τον χειμώνα, όταν κάνει κρύο, φορούμε _____

   _____

B. Use forms of the verbs <u>μπαίνω</u> and <u>βγαίνω</u> (correct tense and number) to complete the blanks:

1. Χτες, όταν πήγαμε στο σχολείο, _____
   στην τάξη από την πισινή πόρτα.

2. Χτες, όταν φύγαμε από την τάξη, _____
   από την μπροστινή πόρτα.

3. Ο ήλιος _____ στην ανατολή.

4. Τα λουλούδια _____ την άνοιξη.

5. Ο μαθητής ελπίζει _____ στο πανεπιστήμιο τον ερχόμενο Σεπτέμβριο.

6. Όσοι φοιτητές δεν_____στο πανεπιστήμιο

θα προσπαθήσουν να _____ σε κολλέγια.

C. Turn the verbs of these sentences into all the tenses (same person and number):

1. Ο φοιτητής **διαβάζει.**   P.C._____

P.S._____   F.C._____

F.S._____   Pr.P._____

P.P. _____   C. _____

2. <u>Βρίσκεις</u> το βιβλίο σου. P.C. _____

P.S. _____   F.C. _____

F.S. _____   Pr.P. _____

P.P. _____   C. _____

D. Give the plural of these words:

1. το όνομα _____ η είσοδος _____

2. η κάλτσα _____ το καπέλο _____

3. το γάντι_____ το μέγεθος _____

4. το πανταλόνι _____ το είδος _____

5. ο άνθρωπος _____ η γυναίκα _____

E. a.Use the adjective <u>καλοκαιρινός</u> (correct form) with the words:
(Oral exercise)
ρούχα, καιρός, άνεμος, φαγητό, φρούτα, δροσιά, ποτό, καπέλο, ήλιος ταξίδι, εκδρομή, σπίτι

b.Use the adjective <u>κυριακάτικος</u>:

ρούχα, εφημερίδα, εκδρομή, ταξίδι, φορεσιά, φουστάνι, τραπέζι, γεύμα, εκδρομές, φορεσιές

c. Use the adjective <u>καθημερινός</u>:

εφημερίδα, δουλειά, ταξίδι, ρούχα, βάσανο, φαγητό, πρόγευμα, ποτό, περίπατος, ασχολίες, στενοχώριες, ύπνος

F.   Translate the following into Greek: (Oral or written exercise.)

1. Where is the entrance? _____

2. Every day I go to my work by bus. _____

3. My work is near the center of the city. _____

    _____

4. I work in a department store. _____

5. The department store is very large. _____

    _____

6. I look at the different kinds of merchandise (εμπορεύματα) _____

    _____

7. The women buy dresses and the men suits. _____

    _____

8. I read the daily and the Sunday newspapers. _____

    _____

9. I read and listen to the news every day. _____

    _____

10. Although (αν και) it is still winter, the weather looks like summer weather.

    _____

    _____

Γύρω στην πόλη

A. Use words from the lesson to complete the blanks:

1. Το λεωφορείο σταματά στη _____

2. Όταν μπαίνουμε στο λεωφορείο πληρώνουμε το_____

3. Στο λεωφορείο καθόμαστε στα _____

4. Το λεωφορείο κάνει πολλές _____

5. Άλλοι _____ και άλλοι _____
   από το λεωφορείο.

6. Το λεωφορείο πηγαίνει γύρω - γύρω στην πόλη.

   Λέμε ότι κάνει τον _____ της πόλης.

7. Το ψηλότερο κτίριο στην πόλη είναι ένας _____

   _____που έχει εκατό _____

B. Give the gender of each of the following words:
   γύρος, πόλη, λεωφορείο, επιβάτης, στάση, εισιτήριο, κάθισμα,
   κινηματογράφος, ευκαιρία, οδός, ταχύτητα, μαγαζί, ουρανοξύστης,
   πολυκατοικία, κτίριο, κόσμος, κέντρο, οδηγός

Αρσενικά - Masculines	Θηλυκά - Feminines	Ουδέτερα - Neuters
_____	_____	_____
_____	_____	_____
_____	_____	_____
_____	_____	_____
_____	_____	_____

C. Translate the following into Greek:

1. Eat _____ Go away _____ Run _____

2. We must go. _____

3. They cannot continue. _____

4. We will be waiting. _____

5. They have not arrived. _____

6. We are coming down. _____

7. They did not come up. _____

8. Have you walked? _____

9. He did not stop. _____

10. He acquired many riches (πλούτη) _____

C. Give the plural of these words:

1. εκκλησία _____   λεωφορείο _____

2. κεντρική οδός _____

3. κάθισμα _____   επιβάτης _____

4. στάση _____   κατάστημα _____

D. Translate into Greek:

1. The central street has many big and beautiful shops. _____

_____

2. Our tour ends here. _____

3. We start at eight o'clock in the morning. _____

_____

4. The library is bigger than the municipality (city hall.) _____

E. Give the present tense, first person of these verbs:

1. έτρεξε _____ φάγαμε _____

2. παίζουν _____ είπατε _____

3. σταμάτησαν _____ θα γράψουν _____

4. τρώγετε _____ φύγατε _____

F. Complete the following sentences by using the proper tense and person of these verbs: αποχτώ, ανεβαίνω, κατεβαίνω, εξακολουθώ, περιμένω, περπατώ, σταματώ, φτάνω

1. Ο πατέρας μου δούλεψε σκληρά και _____ πολλά πλούτη.

2. Πρωί - πρωί εμείς _____ στο βουνό και

   _____ από το βουνό αργά το βράδυ.

3. Επειδή έβρεχε σταματήσαμε για λίγο.. Μόλις _____

   _____ η βροχή _____ το ταξίδι μας.

4. Η τάξη _____ τον καθηγητή πολλή ώρα, αυτός όμως δεν ήρθε.

5. Τηλεφωνήσαμε να μάθουμε πότε _____ το τρένο και μας είπαν σε μισή ώρα.

6. Ενώ _____ στον δρόμο συνάντησα τον φίλο μου τον Κώστα.

7. Το λεωφορείο _____ και παίρνει τους

   επιβάτες που _____ στη στάση.

8. Μερικοί επιβάτες _____ στο λεωφορείο

   και άλλοι _____ από το λεωφορείο.

ΜΑΘΗΜΑ ΟΓΔΟΟ - LESSON EIGHT

Στη βιβλιοθήκη

A. Use the words ψηλός, ψηλή, ψηλό (correct form) to complete the blanks:

1. _____ ουρανοξύστης

2. _____ κτίρια

3. _____ εκκλησίες

4. Τα παράθυρα _____ καταστημάτων.

5. Τα ρούχα _____ ανθρώπου.

6. Τα μνημεία των αρχαίων Ελλήνων δεν ήταν _____

B. Use opposites:

1. Ένα ψηλό κτίριο _____

2. Μια μικρή βιβλιοθήκη _____

3. Ένας κακός άνθρωπος _____

4. Ανεβήκαμε στον ουρανοξύστη. _____

5. Σας ρωτήσαμε. Μας _____

6. Ένα δυνατό άλογο _____

C. Give the Greek word :

1. A novel _____ The section _____

2. A clerk _____ Science _____

3. Perhaps _____ A monument _____

4. I look like _____ The dictionary _____

D. Use the adjectives βαθύς, πλατύς, μακρύς to fill the blanks:

1. Ο δρόμος είναι _____ και _____

2. Η θάλασσα είναι _____

3. Ο ουρανός είναι _____

4. Τα πλοία ταξιδεύουν στο νερό του _____ ποταμού.

5. Η _____ και _____ θάλασσα έχει πολλά ψάρια.

E. Complete the sentences with the proper word:

1. Δανειζόμαστε βιβλία από μια _____

2. Κάτι καμωμένο από μάρμαρο λέμε πως είναι _____

3. Μας βοηθούν όταν ψουνίζουμε _____

4. Βρίσκουμε τη σημασία (meaning) μιας λέξης στο _____

5. Ανεβαίνουμε στο δεύτερο πάτωμα από τη _____

6. Μια μακριά σκάλα έχει πολλά _____

7. Κάθε γλώσσα εκτός από τη δική μας είναι _____

F. Give the past simple tense of the verbs:

1. πεινώ _____ περπατά _____

2. περνούμε _____ βοηθάς _____

3. σταματούν _____ γελώ _____

4. αγαπά _____ ρωτούμε _____

ΜΑΘΗΜΑ ΕΝΑΤΟ - LESSON NINE

Στην Αγορά

A. **Complete the following sentences:**

1. Αγοράζουμε κρέας σε ένα _____

2. Στο φαρμακείο αγοράζουμε _____

3. Για να αγοράσουμε βιβλία θα πάμε σε ένα_____

4. Ένα αρτοπωλείο πουλά _____

5. Όταν θέλω να στείλω ένα τηλεγράφημα πηγαίνω στο _____

   _____

6. Αγοράζω _____ στο ταχυδρομείο.

7. Κόβω τα μαλλιά μου στο _____

B. **Change the following sentences to all the tenses:**

1. Νιώθει κάτι. P.C. _____ P.S. _____

F.C. _____ F.S. _____

P. Pr. _____ P.P. _____

F.Pr. _____ F.P.P. _____

C. **Use forms of the verb ψήνω to complete the sentences:**

1. Χτες ο μάγειρας _____ ένα αρνί στα κάρβουνα.

2. Αυτός ο φούρνος_____ καλό ψωμί.

3. Αύριο εμείς_____μια κότα στον φούρνο.

4. Η μητέρα _____ το φαγητό προτού έρθουν τα παιδιά από το σχολείο.

5. Χτες είχαμε πικνίκ και όλη τη μέρα_____ αρνιά.

- 21 -

D. Translate the following into Greek:

1. I go to the grocery store. _____

2. I buy sugar, coffee, rice, spaghetti, cheese, potatoes, onions, tomatoes.

   _____

   _____

3. My brother goes to the butcher shop. _____

   _____

4. He buys some lamb, pork and beef. _____

   _____

5. My father goes to the post office and buys 50 stamps. _____

   _____

6. At the liquor store we buy wine, beer, cognac and other alcoholic

   drinks. _____

   _____

E. Change the words in parentheses into possessive case. You can do this either orally or by writing your answers: Ex.: Το βιβλίο (το παιδί) - Το βιβλίο του παιδιού.

1. Τα λουλούδια (το ανθοπωλείο) _____

2. Τα φώτα (ο δρόμος) _____

3. Η μυρωδιά (το κρασί) _____

4. Τα πράγματα (η βιτρίνα) _____

5. Τα πράγματα (το μαγαζί) _____

6. Η γεύση (ο καφές) _____

7. Η γεύση (το βωδινό κρέας) _____

ΜΑΘΗΜΑ ΔΕΚΑΤΟ - LESSON TEN

Σ' ένα ελληνικό εστιατόριο

A. Translate the following either orally or writen: (Answers in the answer book and on the tape)

1. Are you hungry? _____

2. Where do you want to eat? _____

3. Do you like Greek food? _____

_____

4. Have you ever tasted Greek food? _____

_____

5. Your company is very pleasant. _____

_____

6. Do you have a bigger table? _____

_____

7. Do you like to have a drink? _____

8. Do you like Greek wine? _____

9. Do you like sweet wines? _____

_____

10. Do you like to have some hor-d'oeures (tidbids) ?_____

_____

11. Do you have a plate, a glass, a napkin, a spoon, a fork and a knife?

_____

12. Do you like octopus? _____

13. What are you going to have? _____

14. May I have a beer? _____

15. May I have some roasted lamb? _____

16. How about some squid? _____

17. Choose whatever you want. _____

18. I would like to have pork chops. _____

_____

19. Do you have fish? _____

20. I want green beans with meat. _____

_____

B. Write the plural of the following:

1. η παρέα _____ 2. το ποτό _____

3. το γλύκισμα _____ 4. η ελιά _____

5. το χταπόδι _____ 6. η γαρίδα _____

C. Use forms of the verbs συνεχίζω, γεύομαι, διαλέγω, ρωτώ, συναντώ to complete the sentences:

1. Το γκαρσόνι _____ τι θέλουμε να φάμε.

2. Ο μάγειρας _____ το φαγητό.

3. _____ από τον κατάλογο τι θα φάμε.

4. Στο δρόμο εμείς _____ ένα ελληνικό εστιατόριο.

5. Αφού φάγαμε πρώτα τη σούπα _____ ύστερα το φαγητό με κρέας.

- 24 -

ΜΑΘΗΜΑ   ΕΝΔΕΚΑΤΟ - LESSON ELEVEN

Ἔνα φανταστικό ταξίδι

A. Give the Greek word:

a. airline _____   b. suitcase _____

c. passport _____   d. flight _____

e. passenger _____   f. stop _____

B. Translate into Greek:

a. I was very pleased with the flight. _____

_____

b. We were very satisfied with our trip to Greece. _____

_____

c. Let us take an imaginary trip into the past (στο παρελθόν) _____

_____

d. The flight was short and did not cost much. _____

_____

e. We will fly straight from New York to Athens. _____

_____

C. Classify the following verbs according to their conjugation:
αναγκάζω, αποχτώ, χρειάζομαι, χρησιμοποιώ, αποφασίζω,
γυμνάζομαι, διαρκώ

1	2	3	4
_____	_____	_____	_____
_____		_____	_____

Give the Past Simple tense of the above verbs:

_____ _____ _____

_____ _____ _____

_____

D. **Fill the blanks by using a form of the following adjectives:**
ευχαριστημένος, φανταστικός, σύντομος, φτηνός, εξαιρετικός,
ικανοποιημένος

a. Οι καθηγητές είναι _____ από την
πρόοδο των παιδιών.

b. Τα βιβλία του Ιουλίου Βερν είναι _____

c. Ένα ταξίδι με αεροπλάνο είναι πιο _____
από ένα ταξίδι με πλοίο.

d. Το μαγαζί αυτό πουλά _____ ρούχα.

Γι' αυτό αγόρασα δυο _____ φορεσιές και

τρία _____ πουκάμισα.

e. Ο καθηγητής μας είναι _____ άνθρωπος.

E. **Conjugate the verbs:**

χρησιμοποιώ	χρειάζομαι	προτιμώ
_____	_____	_____
_____	_____	_____
_____	_____	_____
_____	_____	_____
_____	_____	_____

F. **How do you say the following in Greek? (Answers on the tape)**
a. I am satisfied with my work. d. He was pleased with what he saw.
b. We read a short story. e. I exercise every day.
c. I need some books for my class. f. This shop is inexpensive.

ΜΑΘΗΜΑ ΔΩΔΕΚΑΤΟ - LESSON TWELVE

Η προετοιμασία

A. Give the Greek words for:

nationality _____ agent _____

passport _____ citizenship _____

birth certificate _____

B. Use adverbs derived from the adjectives:

Γρήγορος - Τρέχει _____ Μιλά _____

Τρώει _____ Γράφει _____

Ήσυχος - Κοιμάται _____ Παίζει _____

Ανοίγει και κλείνει την πόρτα _____

Μπαίνει στη βιβλιοθήκη _____

Καλός - Φέρνεται (he behaves) _____ Μιλά _____

Ντύνεται _____ Γράφει _____

Καθαρός - Μιλά _____ Σκέφτεται _____

Γράφει _____ Διαβάζει _____

C. Give the Greek adverb:

at once _____ fortunately _____

completely _____ therefore _____

badly _____ by mail _____

D. Translate the following into Greek using the pronouns όσος - όση - όσο:

1. Those who have no passports cannot travel. _____

_____

2. Those women who came to our shop today will receive a gift. _____

_____

3. I have as much money as you have. _____

_____

4. I love you as much as I love myself (τον εαυτό μου) _____

_____

E. Translate the following using forms from the verb βγάζω:

1. He publishes a newspaper. _____

2. He graduated from college. _____

3. They make much money. _____

4. He will deliver a speech on Liberty Day. _____

_____

5. At last (επί τέλους) he took off the mask he was wearing. _____

_____

6. Our baby is cutting teeth. _____

7. I take off my hat to him. _____

F. How do you say the following in Greek? (Answers on the tape):
1. I like to travel.   5. Last summer I traveled to Greece.
2. We will travel together.   6. They travel very often.
3. We are organizing a tour. 7. We have not organized a tour this year.
4. Last year we organized a tour to Mexico.

G. Complete the following sentences using words you know:

1. Για να πάμε σε μια άλλη χώρα χρειαζόμαστε _____

2. Για να βγάλουμε διαβατήριο χρειαζόμαστε _____

3. Ένας που δεν είναι παντρεμένος λέμε πως είναι _____

4. Όταν στέλνουμε κάτι με το ταχυδρομείο λέμε πως το

   στέλνουμε _____

5. Πριν πάμε για ένα ταξίδι πρέπει να κάνουμε μερικές _____

   _____

6. Όταν ταξιδεύουμε βάζουμε τα ρούχα μας σε _____

7. Όταν φεύγουμε για ταξίδι οι φίλοι μας μας εύχονται (wish us)

   _____

8. Η λέξη <u>καλά</u> είναι αντίθετη (opposite) της λέξης _____

H. Use the word <u>ακριβός</u>   <u>ακριβή</u> - <u>ακριβό</u> (proper form) with the following words:

_____ ρούχα,   _____ εισιτήριο

_____ τιμές,   _____ αγορά

<u>καθαρός</u> - <u>καθαρή</u> - <u>καθαρό</u>:

_____ ουρανός,   _____ χέρια

_____ παιδί,   _____ ποδιές

_____ νερού,   _____ πάτων

Γρήγορος - γρήγορη - γρήγορο

_____ άλογο,   _____ πόδια

_____ βάρκες,   _____ άνθρωποι

ΜΑΘΗΜΑ ΔΕΚΑΤΟ ΤΡΙΤΟ - LESSON THIRTEEN

Το ταξίδι

A. Complete the blanks by translating the words in parentheses:

Το αεροπλάνο (takes off) _____ από το

(airport) _____ και (flies) _____

(east) _____. Κάτω βλέπουμε (the ocean)

_____ που φαίνεται (immense) _____

_____. (Night is coming) _____

Πολλοί (passengers) _____ (converse) _____

_____ άλλοι (play cards) _____

άλλοι (read) _____ και άλλοι (sleep) _____

_____. Ο (pilot) _____ δίνει _____

(information) _____ για τη πτήση.

Οι επιβάτες παίρνουν ένα (brochure) _____

που (contains) _____ πολλές πληροφορίες

(about Greece) _____

B. Complete the sentences by giving the Greek verb:

1. When night comes we say _____

2. When snow is falling we say _____

3. When there is lightning we say _____

4. When the wind is blowing we say _____

5. When it thunders we say _____

C. Translate into Greek:

1. Night came. _____ It rained _____

2. Snow was falling. _____

3. The wind was blowing. _____

4. It will snow. _____

5. It has rained. _____

D. Translate the following:

1. the Atlantic Ocean _____

2. a microscopic world _____

3. an immense mountain _____

4. the western wind _____

5. the northern light _____

6. an eastern country _____

7. white like cotton _____

E. Write the participles of these verbs and give their meaning:

1. παίζω _____   _____

2. αγαπώ _____   _____

3. τρέχω _____   _____

4. χτυπώ _____   _____

5. λέγω _____   _____

F. Translate:

1. The boy came running. _____

2. We pass our time drinking. _____

- 31 -

3. We walk every night talking. _____

_____

4. The children entered the room jumping. _____

_____

5. Loving each other. _____

G. Translate the following orally:

1. It is raining.
2. It was snowing when I came.
3. It was already dawn, when the boat arrived.
4. It gets dark early in winter.
5. The wind blows from the north.
6. It seems that it will rain tomorrow.
7. Talking to each other we passed the time on the plane.
8. Greece is in the southern part of Europe.
9. The Atlantic Ocean is east of the United States.
10. The sun rises (ανατέλλει) in the east.
11. The sun sets (δύει) in the west.
12. He sleeps.
13. We sleep.
14. They sleep.
15. I look after the patient.
16. The waiter takes care of his customers.
17. The land is part of the earth.
18. The sea is part of the earth.
19. The land and the sea make the earth.
20. The brochure contains much interesting (ενδιαφέρουσες) information.

H. Match the following:

Έχουν περάσει   They can be seen

Θα περάσει   We are sleeping

Φαίνονται   Jumping

Κοιμόμαστε   He will pass

Ακούσαμε   They have passed

Πηδώντας   We heard

Η Ελλάδα

A. Fill the blanks with matching words from the lesson:

Η Ελλάδα είναι μια _____ στην ήπειρο

_____. Είναι _____ χώρα. Βρίσκεται

στο _____ μέρος της Ευρώπης. Ο πληθυσμός της

είναι _____ και η έκτασή της _____

_____. Επειδή η Ελλάδα έχει _____

_____ από τρία μέρη λέμε ότι είναι _____

_____. Έχει πολλά βουνά, γι' αυτό λέμε ότι είναι

_____ χώρα. Στο ανατολικό μέρος της Ελλάδας

είναι μια θάλασσα που λέγεται _____

Η θάλασσα που είναι στο _____ μέρος λέγεται

Ιόνιο Πέλαγος και η θάλασσα που είναι στα νότια λέγεται_____

_____. Στις θάλασσες της Ελλάδας υπάρχουν

πολλά_____. Το μεγαλύτερο νησί είναι η Κρήτη,

που _____στο νότιο μέρος. Τα Δωδεκάνησα

λέγονται έτσι γιατί είναι _____. Το

_____ της Ελλάδας είναι ήπιο, ο ουρανός της είναι

_____ και η θάλασσα _____.

B. Give the participle (passive voice) of these verbs:

δένομαι _____ κρύβομαι _____

γράφομαι _____ κάθομαι _____

τρώγομαι _____ χτίζομαι _____

πίνομαι _____ διαβάζομαι _____

C. Use forms of the following adjectives with the nouns:
   a. ορεινός

_____ χωριό, _____ μέρη

_____ τόπος, _____ κορυφή

_____ νησί, _____ χώρα

   b. μαγευτικός

_____ θάλασσα, _____ νησί

_____ δάση, _____ ακρογιαλιές

_____ τόποι, _____ τοπία

   c. εκτεταμένος

_____ παράλια, _____ δάση

_____ παραλία, _____ κάμπος

_____ πεδιάδες, _____ πεδίο

D. Give the plural of the words:

η ακτή _____, το νησί _____

ο πληθυσμός _____, το έδαφος _____

η ορεινή χώρα _____

η χερσόνησος _____, το μέρος _____

η γαλανή και μαγευτική θάλασσα _____

E. Use forms of the verb δημιουργώ to fill the blanks:

1. Ο θεός _____ τον κόσμο σε έξι μέρες.

2. Οι αρχαίοι Έλληνες, την αρχαία εποχή, _____

_____ ένα θαυμάσιο πολιτισμό.

3. Οι καλλιτέχνες _____ ωραία έργα τέχνης.

4. Οι νέοι της σημερινής εποχής, όταν μεγαλώσουν _____

_____ μια καινούρια κοινωνία.

F. Use a case of these words to complete the sentence:
   a. το μέρος

1. Αυτό το _____ είναι έρημο.

2. Ζούμε στο βορεινό _____ της χώρας.

3. Τα ζώα αυτού του _____ είναι άγρια.

4. Φέτος πήγαμε σε πολλά _____ .

   b. το τμήμα

1. Η βιλιοθήκη έχει πολλά _____

2. Τα βιβλία του _____ αυτού είναι λίγα.

3. Σε ποιο_____ μπορώ να βρω αυτό το βιβλίο;

4. Οι επιγραφές αυτών _____ είναι φωτεινές.

G. Translate the following sentences   (An oral exercise):
   1. Greece is a country in Europe.
   2. Europe is a continent.
   3. Other countries in Europe are: England, France, Germany, Russia, Italy, Spain.
   4. Canada is one of the countries of North America.
   5. Egypt is a country in Africa. It is a country of Africa.
   6. Asia is the biggest continent.
   7. One of the countries of Asia is China.
   8. Antarctica is covered with ice.
   9. Australia is the smallest of the continents.

ΜΑΘΗΜΑ ΔΕΚΑΤΟ ΠΕΜΠΤΟ - LESSON FIFTEEN

Άλλες πληροφορίες για την Ελλάδα

A. Fill the blanks with words from the lesson:

a. Το φυλλάδιο _____ πολύτιμες πληροφορίες.

b. Τα _____ είναι πρώτης κατηγορίας.

c. Ο Παρθενώνας είναι χτισμένος πάνω στην_____

d. Στην _____ μαζεύονταν οι Αθηναίοι για να συζητήσουν και να πληροφορηθούν τα νέα.

e. Στους Δελφούς, εκτός από τον Ναό του Απόλωνα υπήρχαν και το

_____   _____   _____

f. Στην Ολυμπία γίνονταν στην αρχαία εποχή οι _____

_____

g. Τα ανάκτορα της Κνωσσού βρίσκονται στην _____

h. Ο _____ ήταν θεός των αρχαίων Ελλήνων.

i. Η Ήρα ήταν η _____

B. Give the corresponding Greek word:

a. the oracle _____ the monument _____

b. a sacred place _____ a temple _____

c. the museum _____ the arena _____

d. I describe _____ the stadium _____

C. Use forms from the verbs περιγράφω, νιώθω, προσδίνω:

a. Στο ψηλό βουνό _____ κανένας πολύ κρύο.

- 36 -

b. Στο τοπίο_____ξεχωριστή ομορφιά το δάσος.

c. Ο φίλος μου μας _____ το ταξίδι του στην Ελλάδα.

d. Πολλές φορές δεν _____ τους συνανθρώπους μας.

e. Ζητήσαμε από τα παιδιά να_____ το παιχνίδι τους.

f. Όταν γυρίσαμε από το ταξίδι _____ κουρασμένοι.

D. Use comparatives to fill the blanks:

1. Το ασήμι (silver) είναι πολύτιμο μέταλλο, μα το χρυσάφι (gold)

    είναι _____

2. Η θέα από εδώ είναι μαγευτική, από το βουνό όμως είναι

    _____

3. Το Θησείο είναι ένας θαυμάσιος αρχαίος ναός. Ο Παρθενώνας

    όμως είναι _____

4. Το ποδήλατο είναι χρήσιμο μεταφορικό μέσο. Μα το αυτοκίνητο

    είναι _____

E. Give the passive participle of the verbs in the left column and then use it to complete the blank to the right:

1. γράφω _____ Το μάθημα είναι _____

2. χτυπώ_____ Ο άνθρωπος είναι _____

3. λέγω_____ Τα λόγια αυτά είναι _____

4. έρχομαι _____ Το αεροπλάνο είναι _____

5. χτίζω _____ Ο ναός είναι _____

F. Translate the following into Greek:

1. It is the most beautiful temple. _____

_____

2. Gold is a more valuable metal than silver. _____

_____

3. It is the most perfect machine (μηχανή) _____

_____

4. He is the greatest of all the poets (ποιητής). _____

_____

G. Give the plural of these words:

1. ο αγώνας _____, η πηγή _____

2. το γυμναστήριο _____

3. ο χώρος _____, το στάδιο _____

H. Learn to say in Greek:
1. This book is useful.
2. This brochure is more useful.
3. The hotel is first class.
4. The island is worth to see.
5. Athens is a beautiful city.
6. The Athens museum is famous.
7. The Acropolis is in Athens.

I. Change the following sentences into future simple tense:

1. Νιώθουμε πόνο. _____

2. Περιγράφω το βουνό. _____

3. Θαυμάζουμε τον Παρθενώνα. _____

ΜΑΘΗΜΑ ΔΕΚΑΤΟ ΕΚΤΟ - LESSON 16

Στην Αθήνα

A. Fill the blanks with the proper word:

1. Τα αεροπλάνα προσγειώνονται σε _____

2. Ένα πλοίο ταξιδεύει στη _____

3. Το αεροπλάνο ταξιδεύει στον _____

4. Ένα τρένο ταξιδεύει στην _____

5. 'Αντικρίζω' σημαίνει _____

6. Ένα _____ περιτριγυρίζεται από θάλασσα.

7. Στα βόρεια της Γαλλίας είναι η _____

8. Όταν πάμε σε άλλο μέρος, μακριά από το σπίτι μας, μένουμε

   σε _____

9. Ένας _____ είναι πιο μεγάλος από μια θάλασσα.

10. 'Καλωσορίσατε' στα αγγλικά σημαίνει _____

11. Ο ουρανός συνήθως έχει χρώμα _____

12. Ένα βουνό σκεπασμένο με δέντρα λέγεται _____

B. Translate these sentences (Tenses of the verb <u>περνώ</u>):

1. The airplane passes. _____

2. The boat was passing by the lake. _____

   _____

3. The train passed one hour ago. _____

4. The buses will be passing all day long. _____

   _____

5. The storm (η τρικυμία) passed _____

6. The storm has passed. _____

7. The train had passed before 5 o'clock. _____

_____

8. The bus will have passed by 6 o'clock. _____

_____

9. The train would have passed, if there was not a strike (απεργία) .

_____

10. Passing through France, we saw many farms (φάρμες). _____

_____

11. He wants to pass through. _____

C. **Oral exercise:** (You can find the answers on the tape and in the Book of Answers)
   1. I wash my hands and my face.
   2. My mother washed my clothes.
   3. My clothes were washed by my mother.
   4. We will wash our shirts in cold water.
   5. The child washes himself.
   6. The mother washes the child.
   7. The child is washed by the mother.

D. **Change these sentences into plural. All words must be changed:**
   1. Το λεωφορείο παίρνει τον επιβάτη.

_____

   2. Ο τελώνης εξετάζει τη βαλίτσα.

_____

   3. Ο γέρος άνθρωπος ξεκουράζεται.

_____

4. Το δάσος είναι πυκνό. _____

E. Give the First person, Singular number, Present tense of these verbs:

1. ανυπομονούσε _____ έφαγε _____

2. είδαμε _____ πήγατε _____

3. έφτασαν _____ θα αντικρίσουν _____

F. Read this story. Then answer the questions:

Το αεροπλάνο φτάνει στις δέκα το βράδι. Στο αεροδρόμιο θα είναι όλο το σχολείο για να καλωσορίσει τους παίκτες (players) της ομάδας, που γυρίζουν νικητές από το τελικό παιχνίδι του μπάσκετ. Μαζί με τους παίκτες είναι και πολλοί καθηγητές, που είχαν συνοδέψει τους παίκτες.

1. Πότε φτάνει το αεροπλάνο; _____

2. Ποιοι θα είναι στο αεροδρόμιο; _____

_____

3. Γιατί θα πάει το σχολείο στο αεροδρόμιο; _____

_____

4. Από πού γυρίζουν οι παίκτες; _____

_____

5. Πώς γυρίζουν οι παίκτες; _____

_____

6. Σε τι παιχνίδι νίκησαν οι παίκτες; _____

_____

7. Ποιοι άλλοι γυρίζουν με τους παίκτες; _____

_____

ΜΑΘΗΜΑ ΔΕΚΑΤΟ ΕΒΔΟΜΟ - LESSON SEVENTEEN

Ο κύριος Σμιθ

A. Translate the following into Greek:

1. We have decided to go. _____

2. The decision is ours. _____

3. The battle (η μάχη) was decisive. _____

_____

4. He played a decisive role (ο ρόλος) _____

_____

5. She is an admirer of the ancient Greek art (η τέχνη). _____

_____

6. His poems are wonderful. _____

7. His speech is poetic. _____

8. We marvel at his poetry. _____

9. We tried many times. _____

10. Our endeavors did not succeed (πετυχαίνω 1). _____

_____

11. I will marry in July. _____

12. The wedding is on July 20th. _____

_____

13. My sister is not married, but my brother is. _____

_____

_____

14. I will send you congratulations when you marry. _____

_____

15. The professor was not right. _____

16. Sometimes the students are right. _____

17. I told him that he was not right. _____

B. Use the adjectives <u>θαυμαστής</u> **and** <u>θαυμάστρια</u> **to complete the blanks. (Use correct forms of the adjectives):**

1. Η αδελφή μου είναι _____
   της φιλοσοφίας.

2. Οι καλοί ποδοσφαιριστές έχουν πολλούς _____

3. Ο αρχαίος ελληνικός πολιτισμός έχει πολλούς _____

   _____ σ' όλο τον κόσμο.

4. Είμαι ένας _____ του Αβραάμ Λίνκολν.

C. Select words from the following list to complete the blanks:
θάρρος, αστείο, γελώ, αποφασιστικότητα, πραγματικότητα, γούστο

1. Ο στρατός πολέμησε με _____
   και νίκησε.

2. Ο κόσμος _____ με το αστείο του
   κωμικού.

3. _____ του κωμικού έκαμαν τον κόσμο να _____

4. Στη ζωή μας πρέπει να έχουμε _____ αν θέλουμε
   να επιτύχουμε.

5. Είπαν ότι στο θέατρο ήταν χίλια άτομα, στην _____
   _____ όμως δεν ήταν ούτε πεντακόσια.

ΜΑΘΗΜΑ ΔΕΚΑΤΟ ΟΓΔΟΟ - LESSON EIGHTEEN

Πρόγευμα στο ξενοδοχείο

A. Fill the blanks with words from the reading:

1. Το πρόγευμα σερβίρεται στην _____ του ξενοδοχείου.

2. Το _____ σερβίρει τους πελάτες.

3. Το πρόγευμα περιέχει _____ τηγανιτά ή _____

   _____ ή _____

4. Οι πελάτες μπορούν να πιούν _____ αμερικάνικο,

   ή _____, τσάι ή φρέσκια _____

5. Οι πελάτες έφαγαν με μεγάλη _____

6. Το γεύμα σερβίρεται από τη _____

7. Το _____ σερβίρεται από τις εφτά _____ τις έντεκα.

B. Fill the blanks with antonyms:

1. Η θερμοκρασία ανεβαίνει τη μέρα και _____ το βράδι.

2. Όταν με _____ ένας σκύλος , εγώ απομακρύνομαι.

3. Ο ουρανοξύστης είναι ψηλός και η βιβλιοθήκη _____

4. Ο πλούσιος άνθρωπος ήταν δυστυχισμένος και ο φτωχός _____
   _____

5. Άρχισε να μιλά στις οχτώ και _____ στις δέκα.

6. Όσοι στέκονται να _____ τώρα και όσοι κάθονται

   να _____

7. Το μικρό λιοντάρι φοβάται το _____

- 44 -

C. Fill the blanks with the proper word:

1. Αν σήμερα είναι Κυριακή _____ θα είναι Δευτέρα.

2. Αν σήμερα είναι Δευτέρα _____ θα είναι Τετάρτη.

3. Αν αύριο θα είναι Τρίτη _____ ήταν Δευτέρα.

4. Αν _____ ήταν Παρασκευή σήμερα είναι Σάββατο.

5. Αν σήμερα είναι Κυριακή _____ ήταν Παρασκευή.

D. Change these sentences to plural number:

1. Ο πελάτης παραγγέλλει καφέ.

_____

2. Το αυγό είναι τηγανιτό. _____

3. Ο διάδρομος είναι στενός. _____

E. Answer these question in Greek:

1. Πέστε τι τρώτε το πρωί. _____

_____

2. Σε ποιο δωμάτιο κοιμόμαστε; _____

3. Πού μαγειρεύουμε; _____

_____

4. Τι κάνουμε από τα πορτοκάλια; _____

5. Πώς χαιρετούμε το βράδι, όταν φεύγουμε από κάποιο σπίτι;

_____

6. Πώς λέγεται το φαγητό που τρώμε το μεσημέρι; _____

ΜΑΘΗΜΑ ΔΕΚΑΤΟ ΕΝΑΤΟ - LESSON NINETEEN

Μια εκδρομή στο Σούνιο

A. Fill the blanks by translating the words in parentheses:

1. Στη θάλασσα (we swim). _____

2. (Swimming)_____ είναι καλή εξάσκηση.

3. Πήραμε τη (camera) _____ μαζί μας.

4. Το λεωφορείο (traveled along the coastal road). _____
_____

5. Η θάλασσα ήταν (very blue and quiet) _____
_____

6. Καθίσαμε στον ήλιο για (sunbathing) _____

7. Ντυθήκαμε (in the cabins) _____

8. Η πόλη μας απέχει από την άλλη πόλη (fifty kilometers) _____
_____

B. Change the following sentences into past simple and future simple tense:

1. Το παιδί φωνάζει. _____
_____

2. Ο πατέρας ντύνεται. _____
_____

3. Εμείς φεύγουμε. _____
_____

- 46 -

4. Η μητέρα φορεί ένα ωραίο φόρεμα. _____

_____

5. Εγώ μπορώ να κολυμπώ. _____

_____

C. Read the hours:

1. 10:45
2. Noon
3. Midnight
4. Ten before nine
5. Quarter to ten
6. Ten o' clock
7. Three thirty
8. Seven fifteen
9. Twenty five to eight

D. Translate the following into Greek:

1. The driver was waiting for us. _____

2. The water was cool and clear. _____

_____

3. I have not appetite. _____

4. We arrived in Athens in the morning, about 11 o'clock. _____

_____

5. We put on our bathing suits and we went for a swim. _____

_____

6. We went on a cruise (ταξίδι) to the island. Poseidon was very angry that

day. _____

_____

E. Give the possessive singular and the nominative plural of these words:

1. το ταξίδι_____ _____

2. η ιδέα _____ _____

3. το ύψωμα _____ _____

- 47 -

ΜΑΘΗΜΑ ΕΙΚΟΣΤΟ - LESSON TWENTY
Θησέας, ο μυθικός ήρωας

A. Complete the sentences:

1. Η Κρήτη είναι ένα _____ στο _____

   _____ μέρος της _____

2. _____ της Κρήτης ήταν οι Μίνωες.

3. Ο Μινώταυρος ήταν ένα _____

4. Ο Αιγέας ήταν _____ του Θησέα.

5. Ο Θησέας ήταν _____ του Αιγέα.

6. Ο Λαβύρινθος ήταν μια _____

7. Στον Λαβύρινθο _____ ο Μινώταυρος.

8. Ο Λαβύρινθος είχε πολλούς _____ .

9. Όποιος έμπαινε στον Λαβύρινθο _____ .

10. Η Αριάδνη _____ τον Θησέα.

11. Η Αριάδνη _____ στον Θησέα ένα κουβάρι.

    _____

12. Το πλοίο του Θησέα είχε μαύρα _____

13. Ο Θησέας θα έβαζε _____ _____

    αν_____ τον Μινώταυρο.

14. Ο Αιγέας έπεσε στη _____ και

    _____, όταν είδε _____

    να γυρίζει με _____ .

B. Use the adjective <u>ξακουστός</u> in the proper form, with these

_____ βασιλιάς, _____ πόλεμος,

_____ πόλη, _____ πόλεις

_____ γυναίκες, _____ χωριό

<u>Use the adjective φοβερός</u>:

_____ παιδιά, _____ κύματα

_____ δυσκολίες, _____ εμπόδια

_____ άνθρωπος, _____ δυστύχημα

C. Translate the verbs in parentheses:

1. Κάθε μέρα (I change) _____ το φουστάνι μου.

2. Ο δάσκαλος (punished) _____ τους άτακτους μαθητές.

3. (We have not sent) _____ τα δώρα μας.

4. Πέντε ναύτες (were lost) _____ στην τρικυμία.

5. (I forgot) _____ τα βιβλία μου σπίτι.

6. Ο στρατός μας (fought) _____ γενναία.

7. Γιατί (do you get angry)_____;

8. (I was not angry) _____

9. (We tied) _____ τη βάρκα στην αποβάθρα.

10. Αύριο (we will wrap) _____ τα δώρα.

11. (I lost) _____ τα λεφτά μου στον δρόμο.

12. (He made me) _____ να πάω μαζί του.

ΜΑΘΗΜΑ ΕΙΚΟΣΤΟ ΠΡΩΤΟ - LESSON TWENTY ONE
Εκδρομή στην εξοχή

A. Give the equivalent Greek word:

1. spring _____ season _____

2. discussion _____ nature _____

3. natural _____ sunshine _____

B. Turn the following into past continuous tense:

1. Επιστρέφουμε. _____

2. Δεν συμφωνούν. _____

3. Στολίζουμε το σπίτι μας με λουλούδια _____

   _____

4. Δεν σου το επιτρέπω. _____

5. Στρώνει το σπίτι με χαλιά. _____

C. Translate the following:

1. He returned from his trip yesterday. _____

   _____

2. We have agreed on what you are going to say. _____

   _____

3. In Greece, on Mayday (Πρωτομαγιά) the people decorate the front door of their house with flowers.

   _____

   _____

4. He was obliged to leave early in the morning. _____

_____

D. Give a synonym for each of the following words:

ο χρόνος _____ το πρωί _____

περίφημος _____ επιστρέφω _____

ωραίος _____ ύστερα _____

λέγομαι _____ ανθισμένος _____

E. Complete the blanks by translating the words in parentheses:

1. Η είσοδος (is not allowed) _____

2. Ο κήπος μας (is in full blossoms) _____

3. Είχαμε μια (discussion) _____ σχετικά με τον καιρό.

4. Η ομιλία του (was interesting) _____

5. Έχουμε μόνο (one kind of shoes, summer shoes) _____

_____

F. Change the underlined verbs in this story to future simple tense. Keep the same person and number:

<u>Επιστρέφουμε</u> από την εκδρομή μας αργά το βράδι. Το γκαρσόνι μάς <u>περιμένει</u> στην πόρτα του ξενοδοχείου. Το βραδινό φαγητό <u>είναι</u> έτοιμο. Το γκαρσόνι μας <u>λέει</u> τι <u>είναι</u> το φαγητό. <u>Είμαστε</u> όλοι κουρασμένοι. Όλοι <u>τρώμε</u> με όρεξη. Μετά το φαγητό <u>πηγαίνουμε</u> ένα περίπατο. <u>Καθόμαστε</u> ύστερα σ' ένα ζαχαροπλαστείο για ανα- ψυκτικά. <u>Παίρνουμε</u> καφέ και παγωτό.

_____

_____

_____

_____

ΜΑΘΗΜΑ ΕΙΚΟΣΤΟ ΔΕΥΤΕΡΟ - LESSON TWENTY TWO

Στον Μαραθώνα

A. **The verbs in the following paragraphs are in the present or some other tense.Change them into past tense, simple or continuous:**

Είναι η άλλη μέρα το πρωί _____

Στις εννιά είμαστε έτοιμοι για την εκδρομή. _____

Το λεωφορείο που θα μας πάρει έχει ήδη έρθει. _____

Τα καλαθάκια περιέχουν το μεσημεριανό φαγητό. _____

Ανεβαίνουμε στο λεωφορείο. _____

Το λεωφορείο ξεκινά. _____

Το λεωφορείο πηγαίνει σιγά. _____

Βγαίνουμε έξω από την πόλη. _____

Προχωρούμε βορειοανατολικά. _____

Δεξιά υψώνεται ο Υμηττός. _____

Ένας απέραντος κάμπος απλώνεται μπροστά μας. _____

B. **Translate the words in parentheses into Greek:**

1. Τα καλαθάκια περιέχουν (eggs, apples, oranges, small loaves of bread,

   soft drinks, paper napkins, salt and pepper) _____

   _____

   _____

2. Το λεωφορείο (leaves at ten o'clock) _____

   _____

3. Η φύση είναι (very green) _____

4. Περνούμε από (hills and mountains) _____

_____

5. (The Western Civilization) _____
   έχει τις ρίζες του (its roots) στον αρχαίο ελληνικό πολιτισμό.

6. (The Athenians) _____ νίκησαν τους
   Πέρσες στον Μαραθώνα.

C. Write or say the following in Greek:

1. White as snow _____

2. Good as gold _____

3. Green as a leaf _____

4. Black as charcoal _____

5. Fast as a hare _____

6. Strong as a bull _____

7. Brave as a lion _____

8. Bitter as poison _____

D. Make diminutives from the following words:

1. καλάθι _____   2. αγγούρι _____

3. πατάτα _____   4. λάμπα _____

5. αρνί _____   6. σύννεφο _____

7. ρόμπα _____   8. παπούτσι _____

9. δωμάτιο _____   10. μωρό _____

11. αέρας _____   12. καρέκλα _____

E. **You are applying for a position in a Greek bank.**
Fill the following form in Greek. **Use full sentences:**

Ονομάζομαι _____

Η διεύθυνση μου είναι _____

_____

Γεννήθηκα (date) _____

(place) _____

Είμαι _____ χρόνων

Τέλειωσα τα εξής σχολεία _____

_____

_____

Τώρα εργάζομαι _____

_____

Η δουλειά που κάνω είναι: _____

_____

Προτού πάρω αυτή τη δουλειά δούλεψα_____

_____

Ο μισθός που παίρνω τώρα είναι _____

_____

Αθηναίοι και Πέρσες στον Μαραθώνα

A. Change the underlined verbs in the following paragraphs into Present Tense:

1. Το λεωφορείο σε λίγα λεπτά <u>έφτασε</u> στην πεδιάδα _____

2. <u>Κατεβήκαμε</u>, <u>περπατήσαμε</u> και <u>φτάσαμε</u> μπροστά σ' ένα τύμβο.

   _____

3. Ενενήντα δυο Αθηναίοι <u>έπεσαν</u> στη μάχη αυτή. _____

4. Τα πλοία <u>αγκυροβόλησαν</u> και οι στρατιώτες <u>στρατοπέδευσαν</u>.

   _____

5. Πώς <u>μπορούσαν</u> οι Έλληνες να πολεμούν έτσι;

   _____

6. Οι Πέρσες <u>είδαν</u> τους Έλληνες να έρχονται εναντίον τους.

   _____

B. Now turn the verbs of the sentences above to future simple tense:

1. _____ 2. _____

3. _____ 4. _____

   _____ 5. _____

6. _____

C. Now change the verbs in the sentences above to Present Perfect tense:

1. _____ 2. _____

3. _____ 4. _____

_____ 5. _____

6. _____

D. Answer the following questions in Greek:

1. Πόσοι Αθηναίοι σκοτώθηκαν στον Μαραθώνα;_____

_____

2. Ποιος είχε μεγαλύτερες δυνάμεις και πόσες; _____

_____

3. Ποιος έφερε τα νέα της νίκης στην Αθήνα; _____

_____

4. Πόση είναι η απόσταση από την Αθήνα στον Μαραθώνα;_____

_____

5. Ποιο αγώνισμα των σημερινών Ολυμπιακών αγώνων μας
   θυμίζει τη μάχη του Μαραθώνα;

_____

E. Translate the following into Greek:

In Marathon there is a monument dedicated to the one hundred and
ninety- two Athenians who died fighting the Persians.

_____

_____

_____

There is an inscription on the monument which reads: In Marathon the
Athenians fighting for all the Greeks overpowered the boastful Persians.

_____

_____

F. Translate into Greek:

1. The power of the soul _____

2. The people of the cities _____

3. The athletes of this contest _____

   _____

4. The outcome of this battle _____

5. The past of the mankind _____

6. The future of the world _____

7. The present _____

G. Write in Greek the following:

1. I rest. _____

2. The sun sets. _____

3. I sent you an invitation. _____

4. We feel very well. _____

5. We sat under a tree._____

6. We chose a cool place for our picnic. _____

   _____

Στην Πλάκα

A. Complete the sentences:

1. Ένας δρόμος που έχει κλίση (inclination) προς τα πάνω λέγεται

   _____. Ο αντίθετος του δρόμου αυτού

   είναι ο _____ δρόμος.

2. Κάποιος που δουλεύει για κάποιον άλλον είναι _____

3. Βάζω κάτι στο στόμα μου για να δω τι γεύση έχει _____

   _____

4. Κάτι που δεν το ξεχνούμε ποτέ _____

5. Η διασκέδαση έχει και άλλο όνομα. Λέγεται _____

6. Κάτι που έχει αρχή πρέπει να έχει και _____

7. Όταν πηγαίνουμε κάπου με τα πόδια λέμε πως _____

8. Ένας άνθρωπος που περιποιείται τον κόσμο λέγεται _____

   _____

9. Αυτός ο άνθρωπος έχει καλούς τρόπους, είναι _____

10. Κάποιος που κάνει οικονομία λέμε πως είναι _____

B. Give the plural of these words:

1. το νυχτερινό κέντρο _____

2. η δυνατή βροχή _____

3. ο ελληνικός χορός _____

4. το πυκνό δάσος _____

5. η μεγάλη πόλη _____

C. Translate the following conversation into Greek: (Oral or written)

1. Where are you going? _____

2. I go to a night club (κέντρο). _____

_____

3. Where is the night club? _____

4. It is not far from here. _____

5. How are you going? _____

6. I am taking a taxi. _____

7. Why don't you walk there? _____

8. I am tired and I cannot walk. _____

_____

9. Are you going there with a friend? _____

_____

10. No, I am going there alone. But I hope to find some friends there.
    Do you like to come with me?

_____

_____

11. I would like it very much, but I have made other plans. _____

_____

12. What plans? _____

13. I am going to the movies with a friend. _____

_____

14. Don't go to the movies. Come with me. We will have a good time.

_____

15. I do not know. I have to call my friend and tell him about this.

_____

_____

16. Go ahead. I will wait for you here. _____

_____

17. Is there a telephone booth (τηλεφωνικός θάλαμος) near by? _____

_____

18. There is a drug store at the corner, there may be a telephone there.

_____

19. I am going there. Do you want to come with me?

_____

20. Sure. Let's go together.

_____

D. **Use forms of the verbs γεύομαι, συμβουλεύω. χειροκροτώ. καταφέρνω. πιστεύω to complete the blanks:**

1. Οι περισσότεροι άνθρωποι στον κόσμο _____ σε κάποιο θεό.

2. Ο μάγειρας_____ το φαγητό να δει αν είναι νόστιμο.

3. Ο τραγουδιστής τραγούδησε πολύ ωραία, γιαυτό ο κόσμος τον _____ παρατεταμένα.

4. Πώς έγραψες στον διαγωνισμο; Νομίζω πώς _____ καλά.

5. Ο πατέρας μου με _____ τι να κάνω

ΜΑΘΗΜΑ ΕΙΚΟΣΤΟ ΠΕΜΠΤΟ - LESSON TWENTY FIVE

Μερικά ψώνια

A. Complete the following sentences:

1. Κάποιος που βιάζεται λέμε πώς είναι _____

2. Το αεροπλάνο πετά από την Αθήνα στην Κρήτη και από την Κρήτη στην Αθήνα και πάλι από την Αθήνα στην Κρήτη, δηλαδή _____ από την Αθήνα στην Κρήτη.

3. Πολλές φορές πάμε στην πόλη και κυτάζουμε τις βιτρίνες. Μια άλλη λέξη που σημαίνει κυτάζουμε είναι η λέξη "_____ _____".

4. Αγοράσαμε μερικά πράγματα. Ο καταστηματάρχης μας έδωσε τον _____ για να πληρώσουμε.

5. Το βιβλίο κόστιζε εφτά δολλάρια. Έδωσα δέκα δολλάρια και πήρα τρία δολλάρια _____.

6. Ο βιβλιοπώλης μου είπε πόσο κάνει το βιβλίο, δηλαδή μου είπε _____ του βιβλίου.

7. Αγοράζω κάτι και θέλω να το πάρω πιο φτηνά. Ζητώ από τον πωλητή να μου κάμει μια _____

8. Αν η Κυριακή είναι η πρώτη μέρα της εβδομάδας, η Παρασκευή είναι η _____ μέρα.

9. Ο Ιούλιος είναι ο _____ μήνας και ο Δεκέμβριος ο _____.

10. Είκοσι και τριάντα κάνουν _____

11. Εκατό και εκατό κάνουν _____

12. Ύστερα από τον αριθμό 999 έρχεται ο αριθμός _____

13. Στον αριθμό 56789 το εφτά είναι ο _____ αριθμός.

14. Μια πολυκατοικία έχει δεκατρία πατώματα. Αν μένω στον
    τελευταίο όροφο θα πω πως μένω στο _____
    πάτωμα.

B. Substitute the number with letters, in Greek:

555 _____

1,594 _____

1,991 _____

March 15, 1990 _____

10,001 _____

One thousandth _____

Three women _____

Four men _____

Twenty one women _____

673 _____

C. Translate into Greek: (Oral or written)

1. Taxi, are you free? _____

2. Yes, I am. _____

3. Can you take me to the airport? _____

    _____

4. Of course. _____

5. How far is the airport? _____

6. It is quite far. _____

7. How many kilometers? _____

8. About forty kilometers. _____

9. How long it will take? _____

10. About forty- five minutes. _____

11. Is the road good? _____

12. Very good. There is a new road now to the airport. I will take it.

_____

13. You know, I am in a hurry. I have to be at the airport in one hour.

_____

_____

14. Do not worry. We will be there in time. _____

_____

D. Use the numeral adjectives with these words:

1. δωδέκατος -

_____ ώρα, _____ έτος

_____ χρονιά, _____ παιδί

_____ χρόνος, _____ οδός

2. ντόπιος

_____ εμπορεύματα _____ φρούτα

_____τομάτες, _____ τυρί

_____ άνθρωποι, _____ δασκάλες

Γευόμαστε ελληνικά γλυκίσματα

A. Fill each blank with the proper word:

1. Ένας μαραγκός ή ένας χτίστης στη δουλειά του χρησιμοποιεί

   _____

2. Ο μπακλαβάς, το κανταΐφι και το γαλακτομπούρεκο είναι

   ελληνικά _____

3. Σ' ένα εστιατόριο αυτός που παίρνει τις _____
   λέγεται γκαρσόνι.

4. Ο βοσκός (shepherd) έβαλε φωτιά και _____
   το δάσος.

5. Το δάσος _____ από τη φωτιά που έβαλε ο
   βοσκός.

6. Το παιδί έτρωγε πολύ γι' αυτό ήταν _____

7. Όταν θέλουμε να χάσουμε βάρος κάνουμε _____

8. Ένας _____ άντρας δεν μπορεί να κινιέται
   εύκολα.

9. Όταν τον ρώτησα να μου πει τι έχει _____
   να μου απαντήσει.

10. Ο γιατρός μου είπε ότι το φαγητό που τρώγω σε μια μέρα

    δεν πρέπει να έχει περισσότερες από 2000 _____

11. Το βιβλίο αυτό έχει διακόσιες _____

12. Ο μαθητής βρίσκει πολλές _____ να μην διαβάσει.

13. Τα _____ κάνουν τον άνθρωπο να παχαίνει.

B. Use forms of the verbs <u>τρώω, καίω, παχαίνω, πειράζω</u> **to fill the blanks:**

1. Όποιος τρώει πολύ _____

2. Το φαγητό που έφαγα _____το στομάχι μου.

3. Το παιδί _____ το κρέας με το πιρούνι.

4. Τον ρώτησα αν έχει_____ ποτέ κρέας βουβαλιού.

5. Μου απάντησε πως ποτέ δεν _____ τέτιο κρέας.

6. Ο δάσκαλος είπε στα παιδιά: "Παιδιά, προσέχετε να μην _____ τα δάση.

C. Give the other form of each of the following:

τρώω _____   τρώγομε_____τρώγουν_____

τρώγετε _____   φάγω _____φάγει _____

τρώγεις _____   φάγετε _____φάγουν _____

D. Give the three genders of the following adjectives and then complete the blanks using forms of the adjective:

παχύς _____ _____

Η γυναίκα είναι _____ Το παιδί είναι _____

μικρός _____ _____

Τα παιδιά είναι _____ Οι ελιές είναι _____

βαρύς _____ _____

Ο κίονας είναι _____ Το σίδερο είναι _____

Ο χειμώνας φέτος ήταν πολύ _____

Ταξίδι στο νησί του Μίνωα

A. Fill the blanks with words from the lesson:

1. Μπορούμε να ταξιδέψουμε από την Αθήνα στην Κρήτη με

_____ ή με _____

2. Η πτήση από την Αθήνα στην Κρήτη _____

τριάντα πέντε _____

3. Το ταξίδι με το πλοίο _____ σχεδόν

δώδεκα _____

4. Μπορούμε να βγάλουμε εισιτήρια σε ένα _____

B. The verb <u>διαρκώ</u> belongs to the third conjugation. Conjugate the present tense:

_____ _____ _____

_____ _____ _____

The verb **ετοιμάζομαι** belongs to the fourth conjugation. Conjugate the present tense:

_____ _____ _____

_____ _____ _____

The past tense of the verb **βρίσκω** is **βρήκα**. Conjugate this tense:

_____ _____ _____

_____ _____ _____

Conjugate the present tense of the verb **μπορώ**:

_____ _____ _____

_____ _____ _____

C. Translate the following:

1. We travel by plane. _____

2. We are a group of fifty people. _____
_____

3. Four tickets cost three hundred and forty five dollars. _____
_____

4. Is there a travel agency near by? _____
_____

5. You have to be at the airport half an hour before departure. _____
_____

6. I will try to do my best. _____

D. Change the following sentences into present tense:

1. Το πλοίο έφυγε στις οχτώ. _____

2. Πόσο θα πληρώσουμε; _____

3. Με παρακάλεσε να πάμε μαζί. _____

4. Δεν μπορέσατε να μας νικήσετε. _____

E. Translate:

1. The man who came _____

2. Give me what you have. _____

3. Whoever comes here _____

4. Give me whatever you have. _____

Λίγη γεύση Μινωικού πολιτισμού

A. Translate the following:

1. The prehistoric epoch _____

2. An ancient vase _____

3. The archaeological exhibits of the museum _____

_____

4. The tour of the ancient palace _____

5. A sun-bathed day, a day that gives wings to man _____

_____

6. What a pity ! _____

7. Unfortunately _____

B. Translate the following conditional sentences:

1. I will call you, if I need you. _____

_____

2. If I have money, I will go to Greece this summer. _____

_____

3. If he was there in the morning I would had seen him. _____

_____

4. If he comes, he will find me home. _____

_____

5. If he studied, he will pass the examination. _____

_____

6. I will read this book if I have time. _____

_____

C. Complete the blanks with forms of the verb <u>αισθάνομαι</u>:

1. Χτες ήταν άρρωστος αλλά σήμερα (feels) _____
   πιο καλά.

2. Πήγα στον γιατρό γιατί (I had felt) _____
   ένα πόνο στην καρδιά.

3. Είμαι βέβαιος πως (you will feel) _____
   περηφάνεια, όταν δεις τους νέους της πατρίδας μας.

4. Ένας σκληρόκαρδος άνθρωπος (does not feel) _____
   λύπη.

5. Ξέρω πως είσαι λυπημένος, προσπάθησε (to feel) _____
   λίγη χαρά.

D. Translate the following (oral or written exercise)

1. The day is beautiful. _____

2. Shall we go out? _____

3. Where do you want to go? _____

4. Let's go the the gardens or the park. _____

_____

5. Do the gardens have flowers now? _____

_____

6. Or course they do. Now it is spring. _____

_____

7. Let's go then. How much time do you have? _____

_____

8. I have plenty of time. _____

E. Change the following into plural number:

1. Το *νησί είναι όμορφο.* _____

2. Η *αίθουσα του μουσείου έχει αγάλματα.* _____

_____

3. Η *βαλίτσα είναι μεγάλη και βαρειά.* _____

_____

4. *Υπέροχο, θαυμάσιο, αναπαυτικό, γρήγορο ταξίδι* _____

_____

F. Give the first person of the present tense of the underlined verbs.

1. Πρέπει *να* <u>γυρίσουμε</u> _____

2. <u>Καθίσαμε</u> *σε ένα κέντρο.* _____

3. Το πλοίο <u>έχει φορτωθεί.</u> _____

4. <u>Χρειαστήκαμε</u> *πολλά λεφτά.* _____

5. <u>Αισθανθήκαμε</u> *πολύ κρύο.* _____

6. <u>Περάστε</u> *σε μισή ώρα.* _____

7. Θα <u>προσπαθήσουμε</u> *να* <u>βρούμε</u> *θέσεις.*

Τελευταίες μέρες

A. Give the Greek word:

1. the sense _____ the sound _____

2. to your health _____ a musician _____

3. I am satisfied _____

4. the violin _____ a mandolin _____

B. Use one form of the following adjectives to complete the blanks: πλούσιος, αφάνταστος, λαμπρός, ώριμος, γραφικός, ευχάριστος:

1. Τα πλούτη (riches) του _____ανθρώπου

   ήταν _____

2. Από το βουνό ψηλά μπορούσαμε να δούμε κάτω τη _____

   _____ κοιλάδα.

3. Η μέρα ήταν _____ γιατί αέρας δε
   φυσούσε και ο ήλιος έλαμπε.

4. Στην αγορά βρήκαμε _____ φρούτα, και _____
   μπανάνες.

5. Ακούσαμε τα _____ νέα από το ραδιόφωνο.

C. Complete by using the names of the five senses:

1. Όταν τρώμε ευχαριστιέται η _____

2. Όταν αγγίζουμε κάτι λέμε πως λειτουργεί (acts, works) η _____

   _____

3. Όταν βλέπουμε λειτουργεί η _____

4. Όταν ακούμε λειτουργεί η _____

5. Όταν μυριζόμαστε λειτουργεί η _____

D. Translate the following sentences:

1. He leans against the wall. _____

2. They gather in the town square (πλατεία) _____

   _____

3. He could smell the smoke (ο καπνός) from far _____

   _____

4. The village was very pictureque. _____

   _____

5. I was satisfied when I saw the results (τα αποτελέσματα) _____

   _____

6. My hearing is not very good. _____

7. These apples have no taste. _____

8. We clinked our glasses. _____

9. We drank saying "to your health" ._____

   _____

10. The fruit is not ripe. _____

11. He can play the mandolin, the violin and the lyra. _____

   _____

Το ταξίδι τελειώνει

A. Complete the blanks with words from the lesson:

1. Το ταξίδι του _____ φάνηκε πιο

   γρήγορο από το ταξίδι του _____

2. Στα αεροπλάνα, σε μακρινά ταξίδια προβάλλεται μια_____

   _____

3. Μερικά πράγματα, που όποιος επισκεφθεί την Ελλάδα θυμάται

   για πολύν καιρό, είναι: Το _____ στη σούβλα,

   το κρασί που λέγεται _____, η_____,

   η σαλάτα και ο ελληνικός _____

B. Use the adjective ωραίος (correct form) with the following words:

1. _____ καιρός, _____ μέρα

2. Τα παιδιά της _____ γυναίκας.

3. Οι _____ κήποι, οι _____ μέρες.

Use the comparative degree to complete the blanks:

1. Ωραίος καιρός _____

2. νόστιμα φαγητά _____

3. Μεγάλο αεροπλάνο _____

4. αρχαία μνημεία _____

5. γαλανή θάλσαα _____

6. γρήγορο ταξίδι _____

C. Complete the following by translating the words in parentheses:

1. Όταν έφυγα (I remembered) _____ ότι είχα ξεχάσει τα λεφτά μου.

2. Δεν μπορούσα να (remember)_____ τι μου (had told me) _____

3. Όταν τον (touched) _____ (he started)____ _____ να φωνάζει.

4. Απ' όλα πιο πολύ (we remember) _____ αυτό το ταξίδι.

D. Change the sentences to plural number:

1. Αυτό είναι συνηθισμένο παιχνίδι. _____

_____

2. Το φαγητό ήταν νόστιμο και η παρέα καλή. _____

_____

E. Conjugate these verbs:

θυμούμαι   άγγιξα   ακούστηκα

_____ _____ _____

_____ _____ _____

_____ _____ _____

_____ _____ _____

_____ _____ _____

ΓΕΝΙΚΕΣ ΑΣΚΗΣΕΙΣ - GENERAL EXERCISES
(You will find the tenses of the verbs on pages 155-209)

1. Using the verb _αγαπώ_ - I love

    a. We love our father and mother.

    b. We love our country.

    c. He loved this girl.

    d. It is better to have loved and lost than never to have loved at all.

    e. I love you.

    f. We have loved our friends.

Using the verb _μου αρέσει_ - I like

a. He likes swimming.

b. They like soccer.

c. I like macaroni.

d. When we were in Greece we liked to drink retsina.

e. They did not like the movie.

f. I think I will like this trip.

2.   Using the verb _αισθάνομαι_ - I feel

a. How do you feel today?

b. I do not feel well today.

c. What did you feel when you heard the news?

d. He has been feeling the pain for a long time.

e. I was not feeling well yesterday.

3. Using the verb ακούω - I hear, I listen.
a. Do you hear what I say?

b. Did you hear what he has said?

c. He does not hear very well.

d. They do not listen.

e. Listen to me.

f. Nobody listens.

g. We have heard the good news.

h. They have not heard the bad news.

4. Using the verb ανοίγω - I open
a. Open the door.

b. We opened the window.

c. They have opened all the doors.

d. They will open a new department store.

e. The stores will not open tomorrow.

f. Open your heart to me.

5. Using the verb απαντώ - I answer
a. He answered the questions very well.

b. Please, answer me.

c. They have not answered our letter.

d. I will answer you tomorrow.

e. What did they answer?

f. Yesterday he was not answering the phone.

6. **Using the verb αποφασίζω - I decide**
a. What did you decide?

b. Have they decided to go?

c. Who decided about this matter?

d. They have not decided yet.

e. We will have decided by tomorrow.

f. Can you decide now?

7. **Using the verb αρχίζω - I begin, I start**
a. The school begins in September.

b. The lesson has not started.

c. We will start in a few days.

d. Have you not started yet?

e. Who started the car?

f. You must start studying at once.

g. Begin!

8. **Using the verb βλέπω - I see**
a. What did you see?

b. I did not see anything.

c. We saw many airplanes flying in the sky.

d. Did you see the movie?

e. I saw him entering the house.

f. They have seen all the museums of Europe.

g. I shall see what I can do about this.

9. **Using the verb βοηθώ - I help**
   a. He helped me very much.

   b. We will help you find the money.

   c. The rich man was always helping the poor.

   d. Please, help me!

   e. They have helped their country.

   f. He never helped anyone.

10. **Using the verb γελώ - I laugh**
   a. Why do you laugh?

   b. They laughed loudly when they heard the joke.

   c. This movie makes you laugh.

   d. They were continuously laughing.

   e. I like to laugh.

   f. Do not laugh!

11. Using the verb γράφω - I write
   a. I wrote him a letter.

   b. When did you write me?

   c. He has written a book.

   d. The students write their exercises.

   e. We will write our answers on the board.

   f. Can you write English?

   g. They had written us, but we did not answer them.

12. **Using the verb διαβάζω - I read**
a. I read the book.

___

b. We have not read their letter.

___

c. I will read a book about Greece.

___

d. He has been reading for one hour.

___

e. This summer I was reading the book "War and Peace".

___

f. Can you read his writing?

___

13. **Using the verb δίνω - I give**
a. Please, give me my book.

___

b. He gave me ten dollars.

___

c. I shall give you what you want.

___

d. They have given much money to this theater.

___

e. What did they give?

___

f. They gave his name to the library.

___

g. Give whatever you can.

___

14. **Using the verb έρχομαι - I come**
a. When will you come?

___

b. I think they will come tomorrow.

___

c. My friend came two days ago.

___

d. Have they come?

___

e. They have not come as yet.

___

f. The suitcases came before the passengers.

___

g. How many buses are coming?

---

15. **Using the verb ευχαριστώ - I thank**
a. I thank you.

---

b. They thanked us for the gifts.

---

c. The student was thanking the teacher for the help he gave him during the school year.

---

d. They have thanked us for our help.

---

e. The poor man thanked me for the money.

---

f. We will thank them after the dinner

---

16. Using the verb έχω - I have
a. The man has many stores.

---

b. Yesterday I had a headache.

---

c. We had a nice dog, but we lost it.

---

d. Next year I will have a new car.

---

17. **Using the verb ζω - I live**
a. We live in Athens.

---

b. Last year we were living in England.

---

c. Next year we will be living in America.

---

d. He lived 100 years ago.

---

e. Man has lived in caves.

---

f. Where do you live?

---

g. When did he live?

18. Using the verb κάθομαι - I sit
a. I sit on a chair.

b. They were sitting close to the stage.

c. We sat on a bench in the garden.

d. We will be sitting next to you.

e. Can I sit here?

f. Sit down, please.

g. He sat on my hat.

19. Using the verb κλείνω- I close
a. Close the door, please.

b. All the shops closed.

c. The school will close tomorrow.

d. The theater has closed.

e. Who closed the window?

f. The doors had closed before we arrived.

20. Using the verb κόβω - I cut
a. Yesterday I cut my hand.

b. We cut the meat with a knife.

c. I will cut a piece of cheese for you.

d. They have cut the trees in their yard.

e. I was cutting the grass when my friends arrived.

f. I would have cut 20 pieces if the cake was bigger.

_____

_____

21. Using the verb λέω - I say, I tell
a. What did you say?

_____

b. We have said what we wanted to say.

_____

c. Tell me the story of your life.

_____

d. Who said this?

_____

e. He was telling a joke when somebody hit him on the head.

_____

f. I said: Everybody, come here.

_____

g. I told everyone to come near.

_____

22. Using the verb μαθαίνω - I learn
a. I have just learned the news.

_____

b. What did you learn in school today?

_____

c. This year in school I **learned** about Ancient Greece.

_____

d. They have learned how to dance Greek dances.

_____

e. Socrates used to say: I learn as I get older.

_____

f. Children should learn good manners.

_____

23. Using the verb μένω - I stay, I remain
a. Where do you stay?

_____

b. Everybody stayed till the end of the game.

_____

c. We have stayed in this town for three years.

_____

d. Stay a little longer.

e. In what hotel were they staying?

f. I shall stay for one hour.

g. The bill remained unpaid.

24. Using the verb μπορώ - I can, I am able

a. Can you be here at eight o'clock in the morning?

b. We can finish our work in two days.

c. They could not drive in the rain.

d. I shall be able to answer your question.

e. They have not been able to see the senator.

f. He can run very fast.

g. He could not speak English.

h. But he can speak French.

25. Using the verb περνώ - I pass

a. The train passed one hour ago.

b. Everyday we pass by my friend's house.

c. I shall pass by your office before one o' clock.

d. The student did not pass his examinations.

e. One year has passed since I saw you.

f. The train had passed before we came here.